JN441225

윤보영감성시학교
제1기 감성시 전문강사 동인시집

그대는 늘 선물입니다

그대는 늘 선물입니다

펴낸날 초판 1쇄 2026년 1월 27일

지은이 윤보영 권영조 김명이 김미자 남궁정원 박현숙 서용순
성광선 안귀옥 염두연 이미경 임옥례 전준석 홍유경

펴낸이 서용순
펴낸곳 이지출판

출판등록 1997년 9월 10일
등록번호 제300-2005-156호
주소 03131 서울시 종로구 율곡로6길 36 월드오피스텔 903호
대표전화 02-743-7661 팩스 02-743-7621
이메일 easy7661@naver.com
캘리그라피 임옥례
인쇄 ICAN
물류 (주)비앤북스

값 15,000원

ISBN 979-11-5555-278-0 03810

윤보영감성시학교
제1기 감성시 전문강사 동인시집

그대는 늘 선물입니다

이지출판

● 추천의 글

'윤보영감성시학교 제1기 감성시 전문강사' 과정을 마친 열세 분의 시인이 가슴에 담아 둔 아름다운 언어를 시로 빚어 한 권의 감성시집으로 묶었습니다.

이 시집에 실린 130편의 감성시는 짧지만 한 줄의 감동만 담긴다면 독자의 기억 속에 남는 맛있는 시, 여운이 남는 시, 끝까지 읽히는 시가 될 수 있다는 것을 보여 주고 있습니다.

물론 처음에는 그동안 몸에 밴 시 쓰기 습관으로 길거나 해석에 힘이 들어가는 시를 쓰기도 했습니다만, 다행히 수업을 통해 '덜어내는 시 쓰기', '짧지만 공감과 감동을 전하는' 시를 쓰기 시작했습니다. 이 시들은 앞으로 각자의 개인 시집에 담겨 더 많은 독자들과 만나게 될 것입니다.

이제 '제1기 감성시 전문강사' 과정을 수료하신 분들은 그동안 익힌 시 쓰기 지식을 바탕으로 감성시 쓰기를 지도할 수 있는 역량을 갖추었다고 생각합니다. 그런 점에서 이 시집은 앞으로 감성시를 배우는 분들에게 좋은 길잡이가 될 수 있어, 독자 여러분에게 적극 추천합니다.

이 동인시집 발간에 함께하신 열세 분의 감성시인들께 다시 한번 감사드리며, 앞으로 여러분이 감성시인으로서의 역량을 마음껏 발휘하기를 기대합니다. 고맙습니다.

2026년 1월

윤보영 커피시인

● 제1기 감성시 전문강사 동인시집을 펴내며

경기도 광주 '휴이야기터'
사계절 꽃이 피고
마음이 따라 피는 곳

개양귀비가 봄 햇살에 흔들리고
여름에는 수국
가을에는 구절초가
우리 마음속으로 스며들었습니다.

이곳에서 우리는
윤보영 시인님의 '감성시 쓰기 10' 공식에 따라
소박한 사물에 감정을 얹고
사랑이 피어나는 시,
그리움이 깨어나는 시를 배웠습니다.

오가는 길에
보리수 열매 아래를 산책했고,
서로의 시를 읽고 다듬는 사이
조용히, 그러나 분명히
시인이 되어 갔습니다.

이제
우리의 첫 시집을 펴냅니다.
누군가의 마음에
조용히 닿기를 바라며
그 첫 문을 엽니다.

2026년 1월

염두연 제1기 회장

윤보영감성시학교는

시를 쓰고 싶은 사람을 시인으로 이끌어 주는 감성시 전문기관으로, 윤보영 커피시인이 수십 년간 감성시 창작과 강의 경험을 바탕으로 정립한 '감성시 쓰기 10공식'을 통해 누구나 쉽게 시를 쓰고 자신의 이름으로 시집을 발간할 수 있도록 도와드립니다.

커리큘럼은 감성시 기초부터 짧은 시, 한 줄 시, 동시, 디카시… 그리고 시집 발간반과 감성시 전문강사반까지 단계별로 운영됩니다. 이 과정을 통해 많은 분들이 독자가 있는 감성시를 쓰고, 개인 시집을 발간하여 작가이자 시인으로 활동하고 있습니다.

윤보영감성시학교는 시를 '잘 쓰게 하는 곳'이라기보다 바쁜 일상 속에서 감성을 일깨워 독자가 공감할 수 있는 시를 쓰도록 이끌어 드립니다.

생각이 글이 되고
글이 시가 되고
시가 한 권의 시집이 되는 길!
여러분의 그 여정에 윤보영 시인이 함께합니다.

윤보영감성시학교
제1기 감성시 전문강사 동인시집

그대는 늘 선물입니다

● 차례

윤보영

대전일보 신춘문예 동시(2009년, 경운기 소리) 당선, 건국대학교 미래지식교육원 외래교수, 한국열린사이버대학교 통합치유학과 외래교수, 한국감성캘리그라피협회 이사장, 한국감성시협회 이사장, 윤보영감성시학교 운영, 한국파킨슨희망연대 홍보대사, 문경시 홍보대사, 문경문학관 명예관장, 윤보영동시전국어린이 시낭송대회 개최(8회), 수국축제와 '수국디카시공모전' 개최, 경찰사랑K치안디카시공모전 개최, 문경 가은아자개장터디카시공모전 개최, 문경시, 환경부, 보건복지부, 국무총리실 등 근무(부이사관 퇴직), 한국보건의료연구원(실장), 의료기관평가인증원(본부장) 근무, 《윤보영 시인처럼 감성시 쓰기》 외 시집 26권 발간

- 이메일_ quftldls@hanmail.net

꽃

꽃을 심고 싶다
꽃을 보고 있는 그대가
나네, 나네 할 수 있게

내 가슴에
그대처럼 예쁜 꽃을 심고 싶다.

민들레

민들레는 꽃을
들판에 가득 피워 즐거워하고

나는 그대 생각을
가슴에 가득 담아 즐거워하고.

거봐요

행복하고 싶은 분
웃어 보세요

거봐요,
웃으니까 예쁘잖아요
꽃이 되기도 하고.

선물

그대는
선물입니다

매일 보고 싶은 마음으로
행복을 주는 선물!
나도 받고 싶은 선물입니다.

권영조

1989년 5월 과학기술부 산하 한국생명공학연구원에 입사, 20여 년간 과학기술 발전을 견인하였고, 2009년~2025년까지 보건복지부 산하 한국보건의료연구원 설립업무에서부터 기관 운영 시스템 구축과 운영 등 17년간 보건의료 발전을 위한 업무를 이어왔다. 2021년 서울지하철공사 공모전에 '어머니'로 입상하였고, 2025년 윤보영감성시학교 제1기 전문강사과정 이수, 건국대학교 미래지식교육원 시쓰기 전문교육과정을 이수했다. 현재 건국대학교 미래지식교육원 '시쓰기 전문교육과정' 운영자, 직장인을 대상으로 정년퇴직 준비와 퇴직 후 자기계발의 중요성을 일깨워 주는 공공지식 확산에 노력하고 있다. 저서 《당신을 읽다》(2015), 《여기가 당신의 행복 포인트》(2017), 《내 삶의 또 다른 30년》(2020), 시집 《그대 생각으로 피운 꽃》(2021), 윤보영 시인처럼 감성시 쓰기(책임편집, 2023), 《힘드니까 월급 준다》(2025)

이메일_ youngcho03@naver.com

선물

오늘은
자연이 내게 준 선물!

매일 받으면서도
사용하는 데는 늘 서툴다

언제쯤
자연스럽고
품위 있게
사용하게 될까?

가을

바람이
단풍잎 한 장 내밀며
“가을 왔다네요!”

그대를 기다렸는데
늘 그리운
그대이길 바랐는데….

행복

당신은
주방에서 요리하고
나는
거실에서 청소하고

그 모습 부러운 듯
음악은 경쾌하다

맛있는 냄새
깨끗해지는 집
행복이 익어 간다.

둘레길 걷다가

당신과 함께 걷던
둘레길 걷고 있어요

많은 시간 지났지만
지금 내 곁에
당신 없는 것 말고는
변한 게 없네요

이마에 땀 훔치며
미소 짓던 당신
많이 보고 싶네요.

재산

추억은
재산이라고 합니다

당신과 여행하며
나눴던 대화
함께 먹었던 음식

모든 것이
추억에 담겼습니다

하지만,
당신은
내 재산 1호인 거 알죠?

사랑 맛

엄마가 보내 준
김치 겉절이

저녁상에 올려놓고
겉절이보다
더
엄마 사랑 느끼고 있다

오늘
엄마 사랑
실컷 먹어서 행복하다.

카페라테

커피는
따듯한 카페라테가
좋습니다

아메리카노보다
부드러운 맛이
질리지 않게 합니다

때로는
그대 생각하다
맛도 모르고
마시기도 하지만.

무지개

비 갠 오후
무지개를 본 적 있지요

그 무지개
지금
내 가슴에 떴습니다

그대 생각이
행복 바라기!
무지개거든요.

사랑 표현

개떡같이 말해도
찰떡같이 알아듣는다는
말이 있잖아요

그래요,
좀 서툴면 어때요
당신 생각하는 마음
전해지면 되는 거죠.

카페

책 한 권 들고
카페를 찾았습니다

커피 향이 좋고
음악은
그대 속삭임으로 들립니다

그래서일까요?
그대가 올 것만 같아
자꾸 출입문을 봅니다.

김명이

시인 겸 웃음코칭전문강사, 재)국제평생교육개발원 교수, 사)국제레크리에이션협회 교수, 인천시 미추홀구 평생학습관 강사, 생명존중, 위기상담 전문강사, 사회복지기관 정서지원 강사, 한국문학사랑신문 관리부회장, 윤보영감성시학교, 한국작가협회, 다원시낭송예술협회 회원, 한국문학사랑신문 올해를 빛낸 인물대상, 제50대 문화체육부장관 표창장, 재)대한민국황실전통문화재단 효도상, 2025년 윤보영감성시학교 제1기 전문강사과정, 건국대학교 미래지식교육원 시 쓰기 전문교육과정을 이수했다.
저서 《마음뜰정원사》, 《인생도 가끔 재발급이 필요해》, 《문학사랑문학상 우수작 3인공저》, 《한국작가협회 문예지 1, 2》, 《시에서 나를 만났습니다》, 《어린이 말놀이 동시집》 외

이메일_ kml6050@hanmail.net

마음 연가

내 마음을 열면
그대뿐이야

온통
그대뿐이야.

사랑은

주어도 행복하고
받아도 행복하고

그래서 알았습니다
사랑은
돌아오는 길 위의 행복임을.

웃음꽃 당신

당신이 웃을 때
나의 하루가
꽃으로 핍니다

당신 미소가
곧
나의 봄이니까요.

동역자

신은
말씀으로
세상을 창조하시고

나는
그 말씀으로
우리 사랑을 만들고.

처방

마음이 힘들다고요?
아하!
삶에 웃음이 빠졌군요
그럼 웃어 봐요

웃을 일이 없으면
저처럼
좋아하는 사람
애교 떨던 모습
생각해 보세요

저절로
웃음이 나온다니까요.

사랑 진단

제 얼굴에
웃음이 있는 것은
당신 사랑이
넘친다는 증거이고

그대 얼굴에
웃음이 없을 때는
제 사랑이 필요하다는
뜻입니다

얼굴의 웃음은
우리 사랑의 증표입니다.

비밀

열 길 물속은 알아도
한 길 사람 속은
왜 모른다고 했을까요?

아, 그건
퍼내 보지 않았기 때문
아닐까요?

어떻게 퍼내느냐고요?
한 시간만 얘기해 보세요
속이 훤히 보입니다

속이 깊은 사람은
퍼낸 곳에
꽃이 피어 있을 테니까요.

봄마중

텃밭에 가서
봄을 기다렸어

그런데 말이야
가장 여린 것이
제일 먼저 나오는 거 있지
쪽파와 달래, 풀…

그러니 너도
약하다고 걱정하지 마
위대한 봄도, 연약한
뿌리에서 시작되었으니까.

인생의 가치

죽을 뻔한
고통을 겪어 본 사람은 안다

몸이 아파
죽을 고비를
넘겨 본 사람은 안다

일상이 얼마나 소중한지
건강이 얼마나 필요한지

그래서
나누고 살아야 한다고 말한다
나눔이 인생의 기쁨이라고.

삼각관계

알프스 산꼭대기에
만 년 된 흰 꽃 피었다기에
물어물어 찾아갔다가

그 아래
그 아래
엉덩이 내밀고 유혹하는
색깔 이쁜 꽃님에게 반했네

위에서
마음 빼앗기고
아래에서
유혹당하고

나, 행복해서
어쩌면 좋아요?

김미자

《월간문학》으로 등단했다. (사)한국문인협회 회원이며 시·수필·아동문학·시낭송을 꾸준히 공부하며 창작활동을 하고 있다. 2025년 윤보영감성시학교 제1기 전문강사과정을 이수했다.
저서 《그리움은 늘 바쁘다》(2024), 《그대는 늘 선물입니다》(2026, 동인시집)

이메일_ jgjj6465@naver.com

갈대

속을 비우면
바람이 와도
편하다는 걸

갈대는
알고 있었을까?

안개꽃 연가

안개꽃
한 다발
선물 받았다

꽃 사이로
보이는
그대 얼굴

나도
웃음 한 다발
선물로 전하고 싶다

사랑하니까
이리 보고 싶으니까.

한 클럽 크게

한 클럽 크게 잡았다
공이 미끄러지듯 날아간다
그대 얼굴처럼 아른거리면서

가을 햇살을 잡고
잠자리처럼
그린 위로 내려오는 공

이런 이런
아직 공은 내 앞에 있고

그대
보고 싶은 마음만
날아간다

푸른 잔디 위로.

약속

더 머문다는 걸까

떠나겠다는 걸까

내 안에
그대 얼굴이
낙엽처럼 팔랑거린다.

퍼팅 라인

가까워 보여도
닿지 않는 거리

내 마음
흔드는 당신

당신 마음은
오르막인가요
내리막인가요.

산책

가을과 겨울 사이
따뜻하게
옷깃을 여며 주던 손

약속처럼
노랗게 물든
가을로 다시 만났다
참 쓸쓸했고
그래서
더 반갑다

이제
조금 더 다정해지기로
마음먹었다.

퍼팅처럼

당신
가슴에

당신
좋아하는 마음

쏙!
넣고 싶다.

너처럼 나도

사랑하고
기다릴 줄 알고
아파할 줄도 아는데

왜 당신은
가슴에 담긴 채
보고 싶게만 하는지.

매미

너는 좋겠다

죽도록
울다
끝날 사랑이라서.

꽃편지

그리움을 지울
편지를 적었습니다

보내기 전
다시 읽어 보니
당신 가슴에 핀
꽃이었습니다

편지 한 통이
건네 준 큰 행복
내 가슴에도
꽃으로 피었습니다.

남궁정원

파티조아 대표, 국제평생교육연구협회 부회장/성남수정지부장, 대한민국실용능력개발협회 부회장/성남수정지부장, 한국감성캘리그라피협회 부회장/성남1지부장, 초·중·고등학교, 기관단체, 기업 강사, 풍선아트, 페이스페인팅, 캘리그라피, 토탈공예, 아로마캔들, 천연비누, 아동미술, 노리아트, 예쁜글씨POP, 실버인지놀이 강사, 이벤트기획, 행사진행, 행사장식전문 파티플래너, 2025년 윤보영감성시학교 제1기 전문강사과정, 건국대학교 미래지식교육원 시쓰기 전문교육과정을 이수했다.
저서 《그대를 닮은 봄》(2022), 《참 좋다》(2025), 동인시집 《사랑으로 꾸는 꿈》(2021), 《꿈꾸는 사이다》(2023), 《감성을 마시는 시간 16詩》(2024), 《누구나 할 수 있는 페이스페인팅》(2025), 《그대는 늘 선물입니다》(2026), 《나도 풍선왕》(2026)

이메일_ partyhouse@naver.com

다짐

머리는 차갑게
가슴은 뜨겁게 살고 싶다

열정,
너를 운 좋게 만났던
그날처럼.

행복이란

좋아하는 사람과
시간을 보내는 것

지친 그대에게
한쪽 어깨를
내줄 수 있는 것

그대를 생각할 수 있는
마음의 여유가 있는 것

오늘 하루
감사로 시작해
감사로 마칠 수 있는 것!

이게
행복이야
그 감사마저
그대가 있어야 가능하지만.

시집 발간

행복했던 일
서운했던 일
가슴 아팠던 일
감사했던 일

하나하나 꺼내
메모하는 일
저절로 미소 짓는 일

메모 속에
부모님과 친구가 있고
동료와 그대가 있고
다시 만날 나도 있고

그래서
이 시집은
내가 사랑할 수밖에 없는
나의 아바타.

골프

마음을 비우면
잘 날아간다는데

숨을 가다듬고
잠시 정신 집중
하얀 공을 바라보면서
힘차게 스윙

공이 날아간다
그대 가슴에
홀인원 하고 싶은
내 마음이 날아간다.

데이지꽃

샤스타데이지꽃은
여름으로 가는
바람을 흔들고

나는
사랑으로 가는
기다림을 흔들고.

리모컨

혹시 당신
리모컨으로
절 조정하고 있나요?

자꾸
보고 싶어져서요.

사랑

신호등도 안 보고
쌩쌩 달리면
불법 운전이지요?

그럼
출발도 하기 전에
그대 곁에 도착한
내 마음은
무엇인가요?

사다리차

무거운 짐을
올리고 내릴 때
사다리차를 부른다지요?

그럼 혹시
그대와 다투고
무거워진 마음
사다리차에 얹어 보내면
받아줄 건가요?

전화

아침에 전화해서
“잘 잤니?” 물어보면
사랑

점심시간에 전화해서
“밥은 먹었니?” 물어보면
관심

저녁에 전화해서
“하루 잘 보냈니?” 물어보면
그리움

그런데
시도 때도 없이
전화하고 싶은
이 마음은 뭐죠?

미역국

소고기 미역국을 끓인다

참기름을 넣고
고기를 볶다가
소금으로 간을 한다

한 그릇 떠서
엄마에게 드리니
맛있다고 하신다

나를 낳고 드셨던 미역국
엄마 건강 회복을 위해
내가 끓였다

엄마는
사랑한다는 말을
미소로 답하신다

나도 따라
미소로 대답했다.

박현숙

인천광역시교육청 대안교실 푸드아트심리상담사, 재)국제평생교육원 푸드아트 교수, 사)국제레크리에이션협회 교수, 그림책을 담은 푸드놀이 대표, 인천광역시 초·중학교 푸드아트심리상담사, 그림책 테라피스트, 전)경기도시흥교육지원청 푸드아트심리상담사, 전)인천동부교육지원청 wee센터 푸드아트심리상담사, 전)인천광역시 연수구 복지관 푸드아트 강사, 전)학원 원장, 2025년 윤보영감성 시학교 제1기 전문강사과정, 건국대학교 미래지식교육원 시쓰기 전문교육과정을 이수했다.
그림책 《아버지의 자전거》

이메일_ parkhs1027@ naver.com

인생

바람처럼
지나가는 여정

구름처럼
편안한 인생

둘 다
당신이 있어야
가능하다는 사실
알죠?

할아버지

손주만 보면
청춘이 되는
할아버지

저러다
할아버지
너무 젊어지면
나 어떻게 하지?

퍼즐 여정

나는 덜렁이 조각
당신은 꼼꼼이 조각

참
잘 안 맞았어요

그런데
배려 한 조각
따뜻한 말 한 조각이
퍼즐처럼 만나니

감사와 행복으로 그린
그림이 되네요.

붕어빵

누가 말하더라
“어머나!”
딸이 엄마의 붕어빵이네요

서로 사랑하다 보니
우린 붕어빵

좋아하는 음식, 입덧에
넘친 사랑에 웃는
웃음소리까지

너는 나의
붕어빵!

당신 나무

편백나무숲이
좋은 것은
당신 손을 잡고 걷기 때문

걷다가, 걷다가
다시 당신 마음속으로
들어설 수 있기 때문

이 사실을
내가 알고
당신도 알고 있기 때문.

말복 수박

수박 한 조각
입에 물고
웃는 너

네 웃음 한자락에
말복 더위도
참,
달다.

등대

자식 행복을 위해
사랑의 불을 켜신
어머니!

당신은
나의 등대

나도 당신 따라
자녀들의 등대.

참외

아버지가 좋아하셨던
참외를 텃밭에
아버지처럼 심었더니
마디마디 열린 참외가
아버지 얼굴이네요

따서
소쿠리에 담을까요?
그리움에 담을까요?

옷장

옷장을 정리하다가
알았어요
사랑도 수시로 꺼내
확인해야 한다는 것을

그래야
나이가 들지 않는다는 것을.

여행

기다림도 설렘
떠나는 마음도 설렘
만나는 것도 설렘!

여행
너는 왜 날
이리 설레게 하니?

너
혹시
나와 연애하고 싶니?

서용순

43년째 책동네에서 책을 만들고 글을 쓰고 있다. 1999년 수필가로 등단했으며, 여러 대학과 기관에서 강의하고 있다. 현재 이지출판사 대표, (사)한국문인협회 광진지부 8대 회장, 현재 고문, (사)한국수필문학진흥회 부회장, 금아피천득 선생기념사업회 부회장, 《피천득문학》 주간, 에세이문학작가회 17, 18대 회장, 현재 명예회장, 윤보영감성시학교 교장, (재)노인지원재단 이사를 맡고 있다. 2025년 윤보영감성시학교 제1기 전문강사과정, 건국대학교 미래지식교육원 시쓰기 전문교육과정을 이수했다.
저서 《갈망의 노래》(수필집), 《Colors of Arirang》(아리랑로드 10만km 대장정의 기록) 외 다수가 있으며, 〈디아거스타임스〉에 칼럼을 연재하고 있다.

이메일_ easy7661@naver.com

빨강

그대 생각만으로
볼이 빨개지곤 했지요

내 가슴속으로
그대 조용히
스며들었거든요

말하지 않아도
느껴지는 그 마음

그런 그대
지금 무얼하고 있을까요?

주황

그대와 나 사이에 놓인
주황빛 그리움

뜨겁지도
차갑지도 않지만

바라보는 것만으로도
가슴이 따뜻해집니다

조용히 스며드는
노을같이.

노랑

가까이 가려 해도
손에 잡히지 않는
그대

생각만으로도
눈앞이 노랗던
그리움 한자락

서툴기만 한
난
지금도
그대 기억뿐!

초록

숲으로 들어갔다

말없이 나를 감싸준
작은 잎들

그 위로 쏟아지는
맑은 햇살

초록으로 물든
숲을
내게 선물했다.

파란

파란 하늘에
파란 비행기가 떴다

파란 마음을 실은
파란 비행기

파란 바다 위를 날아
파란 나라에 도착했다

파란 나라엔
파란 꿈을 가진 아이들
무럭무럭 자라고 있다

그 속에
꿈을 꾸는
나도 있다.

남색(藍色)

쪽빛을
더하고 더하면
남색이 되는 것처럼

사랑을
더하고 더하면
깊은 사랑이 된다

늘 그리운
엄마 사랑이 된다.

보라

어떤 그리움은
빛으로 스며든다

그대 떠난 자리엔
보랏빛 추억이

이별이 아니라
잊을 수 없는 기억으로
물들어 있다.

하양

그대와의 기억
지우지 않고
그냥 하얗게
비워 놓으렵니다.

검정

검정은
잊으려는 것이 아니라

끝내 지워지지 않는
마음입니다

그곳에
그리움이 있습니다
그대가 있습니다.

분홍

아이 볼처럼
세상은 잠시
분홍빛을 띠고

그 분홍빛이
바람에 흔들릴 때
나는 문득 알았다

이 세상에
흔들리지 않고
살 수 있는 건
없다는 것을.

성광선

경기도 안성에서 태어났다. 광선초등학교, 죽산중학교, 수원고등학교, 경기대학교 사학과를 졸업한 후 1990년 1월 한국주택은행에서 직장생활을 시작하여 1999년 6월 KB국민은행 전략기획팀, 2004년 2월 KB국민은행 GOLD & WISE 분당PB센터장, 2021년 7월 KB국민은행 감사부(영업감사) 등을 거쳐 2025년 2월 KB국민은행을 정년퇴직하였다. 2025년 윤보영감성시학교 제1기 전문강사과정, 건국대학교 미래지식교육원 시쓰기 전문교육과정을 이수한 후 시쓰기 전문강사, 광선초등학교 총동문회장으로 활동하고 있다. KB국민은행을 떠나기에 앞서 인생 2막을 준비하면서 그동안 일기처럼 써 오던 글들을 시로 구체화하여 첫 시집 《오늘도 그대 덕분입니다》(2024)를 펴냈다.

이메일_poemsung@naver.com

가을바람

낙동강변
가을바람을 가슴에 담고 있습니다
향기가 따라 담깁니다

강변으로
걷는 내내
향기가 담깁니다

그러다
결국
그대 생각을 내밉니다

'내 이럴 줄 알았어!'

나소향

가을 정취 속
칠장사 나소향 정원에 왔습니다

하늘 아래 첫 동네
온갖 꽃들이 반갑게 맞아 주고
시원한 바람이 감쌉니다

그러다
바람이
툭 던진 말

"그대는 안 오셨나요?"

등대

밤바다
바닷가 등대에 불이
깜박깜박!

기다리는 배는 오지 않고
파도소리만
철썩철썩

내 안에도
보고 싶은 마음이
깜박깜박

곧 올 거야
기다림도 따라
두근두근.

행복

나에게
행복이란

그대가
내 안에 있다는 것!

아니
아니
나도 그대 안에
있다는 것!

들국화

가을 햇살 속
노란 들국화가
바람에 흔들립니다

꽃을 흔드는 바람
내 안에 담긴
그대와의 추억까지 흔듭니다

흔들리다 흔들리다
그립다며
꽃이 됩니다.

그대 향기

길가에
예쁜 꽃이 피었다

그 중
유독 눈길 끄는 꽃
진한 향기 따라 다가서다
깜짝 놀랐다

"나야 나!"
당신 목소리에
가슴이
쿵!

하늘전망대

안성 금광호수
둘레길을 걷다가
하늘전망대까지 왔습니다

탁 트인 전경이
가슴에 담깁니다

멀리 호수 끝자락
그대와 걷던 길이 다가와
그리움을 두드리며 속삭입니다

"왜 혼자 왔어요?"
함께 왔으면 좋을
내 안의 그대를 불러냅니다

"그러면 그렇지!"
하늘에 그대 모습 그려두고
"예쁘지!"
맞장구쳤습니다.

비 오는 날

도화지에
생각 없이 메모합니다

종이 가득
그대 이름이 적혀집니다

적힌 이름마다
“보고 싶어”
“사랑해!”
“뭐 하고 있어?”
꼬리가 달립니다

미소가 저절로 나옵니다.

단추

단추에
추억이 달렸습니다
호롱불 켜고
단추를 달았던 어머니!

한 세월 지난 지금
문득 돌아보니
당신은 가슴에
제 사랑을 다셨군요

그 단추
제가 오늘 다시 달겠습니다

그리움에
어머니 사랑을 달겠습니다.

지게

지게에
짐을 한가득 얹고
일어나는데
무겁지가 않네요

이런 이런,
그리움을 지고 있었네요

지게를 내리고
더 얹어야겠지요?

안귀옥 법률사무소 대표. 대한치과의사협회 법률지원변호인단, 한국CBMC 중앙회 부회장, 감리교신학대학교 객원교수, 인천의료원 정보공개심의회 위원, 인천검찰청 국가배상심의위원, 인천항만공사 비상임이사, 인천광역시 재정투자 심의위원회 위원, 가족상담전문가, 한알부부상담전문가, 문학심리상담사, 윤보영 감성시학교 제1기 전문강사과정, 건국대학교 미래지식교육원 시쓰기 전문교육 과정을 이수했다.

저서 《여자가 이혼을 생각할 때》(1999), 《행복한 이혼 불행한 이혼》(2003), 《내 인생에 결코 포기는 없다》(2006), 《그 후로도 행복하게》(역저, 2005), 《변호사 워킹맘 이야기》(에세이, 전자책, 2021), 《소나무 연가》(시집, 전자책, 2022), 《내 직업을 소개합니다》(공저, 2022), 《무심에서 감성으로》(공저 시집, 2022), 《내 아내의 남자 그리고 나》(에세이, 전자책, 2025), 《내 안에 머물러 있는 순간들》(법정 시집 ①, 2025), 《조용히 무너지는 것들》(법정 시집 ②, 2025), 《이별, 그 후의 나》(법정 시집 ③, 2025)

이메일_lawyeran2@hanmail.net

지난가을

그대는 가을 같아
기다릴 땐 길고
함께할 땐 짧고

하지만 괜찮아
그대는
늘 그 자리!

긴긴 밤
그리움에 머무니까.

장마

장마가
길어졌다

그리움도 그렇다
한 번 오면
장맛비처럼
마음이 젖는다

젖었다면
말려야 하는데
너는 그냥
젖은 대로 내 안에
머물고 싶어하니
그게 문제다.

그대는 가을

가을을
기다린 줄 알았어요

그날의 공기
그대의 말투
그대 눈빛에
더 따뜻했던 오후
그 기억들!

그대여
지금도 그대 기억에
제가 머무는 것 맞죠?

새봄을 기다리며

창가 의자가
자꾸만 베란다를 바라봐요

무언가 기다리는 듯
무언가 보고 싶은 듯

그 마음 알아요
나도, 봄을 기다리듯
그 사람을 기다리고 있으니까요.

수국꽃

당신이 좋아했던
수국꽃 따라 걷다 보면
당신을 만날 수 있을까요?

가도 가도
당신은 안 보이고
당신 찾아가는
나만 보입니다

그러다 내 앞에
두리번거리며
수국꽃으로 오신 당신

사랑입니다
행복입니다.

소금 커피

그대를 생각하다
커피잔에
소금을 넣었다

그래도
달다.

짝사랑

바람에
그대 생각 담았더니
연못물이 흔들린다

이러다
좋아하는 마음
들키겠다.

공깃밥

당신이
공깃밥을 밀어줄 때
알았어요
그게 사랑이라는 걸

말로는 못해도
그 공깃밥 안에
아버지!
당신 사랑이
가득 담겨 있었지요

그래서일까요?
그리 많은 시간 지났어도
이리 그리운 게.

웃음 하나

많이 다퉜던 날
네가 먼저
살짝 웃어 줬지

그 웃음에
내 마음이 풀렸고

그날의 끝은
싸움이 아닌
손을 잡는 하루였어

그리고
지금까지 함께하고.

행복

설명은 못 해도
다들 알아요.

열두연

인문심리글 작가이자 상담학 박사로 17년간 대학평생교육원, 기업체, 공공기관에서 셀프리더십, 부모교육, 생명존중, 스트레스관리, 의사소통 강의 및 상담을 했다. 현재 나봄심리상담연구소를 운영하며 심리상담가로 활동하고 있다. 1994~2000년까지 '밀따리' 공동체에서 시, 수필 창작 활동을 했으며, 2025년 윤보영감성시학교 제1기 전문강사과정을 이수했다.
저서 《사랑하는 나의 몸에게》, 《불안은 어떻게 삶의 무기가 되는가》, 공저 《글로벌 인성 리더십》, 《리딩아트의 이론과 프로그램의 실제》가 있다.

이메일_ eunasoo2004@hanmail.net

목련과 그 사람

그대와 걷던 길목에
목련이 피었습니다

꽃은 변함없이 피는데
그대 자리가 비었네요

그래서일까요
나는 자꾸 목련 아래서
그대를 찾고 있습니다

그러다 문득 알게 되었지요
그대는 이미, 내 마음에
꽃으로 피어 있었다는 걸요

나는 그대를 밖에서 찾고
그대는 이미 내 안에서
나를 기다리고 있고.

감기

꽃샘추위에 감기
꽃망울도 감기

엄마는 말했어요
감기도 안아 주면 낫는다고

그럼
지금 당신 곁에
안아 줄 사람 있나요?

그 이름

지금 부르지 않아도
나는 안다

언제든
기억이 가슴을 두드릴 때
감정이 다시 살아나
꽃을 피운다는 사실

하지만 그 꽃
당신 얼굴이라는 것은
절대
비밀.

기적

평범한 일상에도
기적은 온다지요

그럼 혹시
문득 다가온
그대 생각에
가슴 가득 꽃이 피는
이 순간도

혹시
기적이라 할 수 있나요?

액자 속 장미

갤러리 벽에 걸린
장미 그림 앞에 서면
참 이상하지요

색도
선도 아름다운데
향기가 없어요

아하,
장미꽃을 그릴 때는
나처럼
좋아하는 사람 생각을
먼저 담아야겠군요.

봄비

봄비 온다는 소식에
상추와
꽃 한 뿌리
심었습니다

그리고
그날 밤
봄비가 왔어요

당신도
봄비처럼
왔으면 좋겠어요.

된장찌개

저녁 밥상
된장찌개에 김이 오를 때
엄마 숨결이 느껴졌어요

긴 세월
기억나는 맛

엄마, 당신은
무엇을 더 넣으셨나요?

장미

담장을 넘어와
꽃을 피운
저 장미처럼

나도
그대 생각으로 들어가
꽃을 피운다면?

수국의 비밀

오늘 비가 왔어
수국 너는
더 짙은 푸름으로 꽃을 피웠지

사람들은 몰라
네가 비를 좋아하는 이유가
울고 싶은 내 마음
대신해 주기
위해서란 걸.

그리움의 속삭임

당신 생각이
내 안을 흔들다가
장미꽃을 피우고
장미정원이 되자고 합니다

당신이 장미꽃인데
그 제안
웃으면서 허락합니다.

이미경

문학석사, 늘품심리상담연구소 대표, 한국인권성장진흥원 교육본부장, 인권온에어신문 편집장, 칼럼니스트, 한컷공감미술관 교육이사, 행복한가정문화원 동두천지부장, 2024 한국강사신문 선정 대한민국 최고 명강사, 2023 한국강사신문 선정 대한민국 최고 명강사, 챗사피언스 AI 대표강사, 강사자격과정 운영 강사코칭, 5가지 사랑의 언어 인증강사, 부모교육(코칭)전문가, 집단상담 및 개인상담, 2025년 윤보영감성시학교 제1기 전문강사과정, 건국대학교 미래지식교육원 시쓰기 전문교육과정을 이수했다.
저서 《그림으로 그린행복》(제1시집), 《그대 사랑처럼 그대 향기처럼》(공저시집), 《내 안에 꽃으로 핀 그대》(공저시집), 《놀이와 영유아 교육》(전공서)

이메일_green3585@naver.com

기다림

카페 창가에 앉아
커피를 마십니다

커피잔에
기다림을 담았습니다

웃으며 다가온
그대 생각에
시간이 지나도
커피가 따뜻합니다.

대추나무와 아버지

마당 끝
작고 붉은 열매가 달렸습니다

어릴 적 아버지 손에
대추 하나 건네받던 날

“대추를 보고도
안 먹으면 늙는다.”

덕분에
아직도 어린 딸은
아버지가 그립습니다.

벚꽃 산책

조심조심
손을 잡고 걷는 아이
발끝마다
꽃잎이 수북합니다

"엄마, 눈이 와요!"

아이 마음에
눈이
먼저 내렸습니다.

이름표 달기

어린 묘목에
'사랑'이란
이름표를 달았습니다

시간이 지나도
지워지지 않도록

그대라는 이름
그 자리에 걸었습니다.

감기약

콧물이 나
약을 먹었어요

약을 먹어도
감기는 여전히 진행 중

"괜찮아?"
약 대신
들려오는 그대 목소리

참 신기하죠?
그 한마디에
감기, 뚝!

입학식 날 아침

새 양말을 신고
머리를 빗고
책가방을 멥니다

작은 어깨가
오늘따라
낯설게 커 보입니다

"다녀오겠습니다!"
환하게 인사하는
아이를 보며
나도 따라 웃었습니다

그런데
그 웃음이
우리보다 먼저
학교에 도착해 있네요.

신발 두 켤레

현관에
신발 두 켤레

그대와
나의 신발

같은 방향으로
닮아가고
닮아가는
신발 밑창!

이것이
사랑이겠지요?

엄마의 등

조용히 밥 짓는
엄마의 등이
작아 보입니다

몰랐어요
그 작은 등이
나를 키우는
엄마의 큰 사랑이라는 것을요.

따뜻한 말

"가는 말이 고와야
오는 말이 곱다."

고운 말이
돌아오는 길은
따뜻합니다

세상이
따뜻해진다는 걸
그대를 만나고 배웠습니다

"사랑해요!"

고백

그대에게
말 대신
보라색
수국꽃 한 송이 드립니다

꽃말이요?
'진심'

받아주실 거지요?

임옥례

현재 미리내아뜰리에 대표, 한국일요화가회 회장, 한국여성미술협회 사무국장, 한국캘리그라피예술협회 연구원, 한국감성캘리그라피협회 감사. 캘리그라피 강사, 수채화 강사. 개인전 '보고느끼고감동'하고, 2025년, '생각으로핀 꽃'. 몽골 울란바토르대학, 교토 왕미술관, 오사카 초대전 및 단체전에 다수 참여했다. 2025년 윤보영감성시학교 제1기 전문강사과정, 건국대학교 미래지식교육원 시 쓰기 전문교육과정을 이수했다.
저서 《생각으로 핀 꽃》(개인시집), 《감성을 마시는 시간 16詩》(동인시집)

이메일_ 00happy96@naver.com

벚꽃

작은 별을
꽃으로 피운 너는
희망을 꿈꾸게 하네

내 가슴에
언젠가 만날 수 있다는
희망을 담고.

벚꽃 터널

그대 생각하며
벚꽃 터널을 지나는데
마음이 하늘로 올라가네

터널 위에
꽃길을 내고
그대 찾아가고 싶어서.

우리

난
당신
없으면
절대 안 돼

당신은 벚나무
나는 그 나무에 핀
벚꽃!

너덜지대

서로에게 의지한 채
모여 있는 바위

엄마를
떠날 수 없다며
매달려 있는 아기같이

아니, 아니
그리움 속
떨어질 수 없는
그대 생각처럼.

* 너덜지대 : 기계적 풍화작용에 의해 단면으로부터 분리되어 떨어진 암괴들이 사면 기저부에 설형으로 쌓인 지형

나무처럼

그대 생각은
오직
처음 마음
그대로.

산

첩첩 산자락이 다가와
반기네
어서 오라고

그래, 어쩌면
이 산
그리운 그대?

맞아,
언젠가 만나야 할
기다림 속
그대!

희망 사항

내 마음에는 언제나
미소 짓는
네가 있어 좋고

네 마음에는 언제나
미소 짓는
내 마음이 있었으면 더 좋고.

전철

덜컹덜컹
희망 한가득 싣고
부지런히 달리는
새벽 전철

사람들은
바쁜 일상을 싣고

나는
그대 좋아하는
사랑을 싣고.

지름길

실패는
성공으로 가는
지름길!

그 말 믿고
다시 시작한다

답은 없지만
확신이 담긴
내 미래를 위해.

난로처럼

옷을 단단히 여며도
가슴 시리던 날
그리움을 열고
당신 생각을 불러냈어요

내 안에서
따뜻한 바람이 불고
새싹이 돋아났어요

그대 웃는 모습이
날
꽃까지 피는
봄으로 만들었어요.

전준석

작가, 시인, 모델, 한세대학교 일반대학원 졸업(경찰학 박사), 연세대학교 행정대학원 졸업(행정학 석사), 중부대학교 일반대학원 졸업(교육학 석사), 경찰청 총경 퇴임, 현재 한국인권성장진흥원 대표, 인권온에어신문사 대표, 중앙경찰학교 외래교수, 동원대학교 미래교육원 지도교수, 한국강사신문 칼럼니스트, 2021 한국강사신문 선정 대한민국 최고 명강사, 2018 대한민국인적자원개발 HRD 명강사 대상, 2017 (사)한국강사협회 명강사 225호, 한국양성평등교육진흥원 위촉 폭력예방 전문강사, 한국장애인고용공단 직장 내 장애인 인식개선 전문강사, 한국인권강사협회 인권예방 전문강사, 2018년 월간 순수문학 신인상 시인 등단. 2025년 윤보영감성시학교 제1기 전문강사과정, 건국대학교 미래지식교육원 시쓰기 전문교육과정을 이수했다.
저서 《다시 태어나도 경찰》(제1시집), 《범죄심리학》(전공서 공저) , 《그대 사랑처럼, 그대 향기처럼》(공저시집), 《4월 어느 멋진 날에》(공저시집),

이메일_ jjs01144@naver.com

동백꽃

겨울 창가
베란다 화분에
동백꽃이 피었다

환하게 웃던
그대 얼굴처럼
예쁘게 피었다

오늘따라
가슴이 쿵!
동백꽃이 더 붉다.

수국

여름날
정원에 핀
수국꽃을 보았죠

햇살 받은
그 모습이
그대 미소 같았어요

변해 가는 계절 속에서도
늘 그 자리에
사랑으로 머물러 주는
그대!
고마워요.

벚꽃

봄바람에
가지를 흔드는 벚꽃

자꾸
유혹하지 마

난
이미
그대가 있어.

장미꽃

한 송이
장미가 피었다

꽃이 아름답다
생각하는 순간
그대 얼굴이
떠오르는 건

꽃이 그대라서!

볼펜

그대 생각을 적으려고
볼펜을 들었는데
글씨가 나오지 않아요

하지만
괜찮아요

지울 수도 없고
지워지지도 않게
내 안에
새겨 넣죠, 뭐.

좋은 이유

나는
'그냥'
경찰이 좋습니다
당신처럼 좋습니다.

방탄복

위험한 순간에
대비하기 위해
방탄복 입고

바쁜 일상에
대비하기 위해
그대 생각 꺼내고

행복한
나를 위해
미소를 짓는다.

대한민국 경찰

나에게는
보물 세 개가 있습니다

대한민국
시민
그대!

하지만
이 중에
하나를 선택하라면

쉿,
비밀입니다.

좋은 경찰

언제 보아도
마음이 편해지는 경찰

생각만 해도
기분이 좋아지는 그대

경찰과 그대
꼭 닮았다

힘들 때
기댈 수 있는
키 큰 나무처럼
닮아도 너무 닮았다.

경찰

경찰관이여
조국은
그대를 믿는다

처음
경찰관으로 교육받을 때
기억나는 문구

시민에게
정의롭게 봉사하는
경찰!

그대가
그 경찰

내가
바로
그 경찰.

제주에서 태어나고 자랐다. 2023년 대한시문학협회 신인문학상, 제1회 감성시 공모전 시 〈그릇〉으로 대상, 제1회 수국디카시공모전에서 장려상을 받았다. 2002년부터 20여 년간 어린이 영어학원을 운영하였으며, 현재 초·중·고등학교 학생들을 대상으로 진로, 인성, 독서치료, 회복탄력성, 감정코칭, 대인관계능력, 책쓰기 코칭 및 감성시 쓰기 교육을 하며 아이들과 함께 꿈을 키워나가고 있다. 저서 《당신도 참 행복했으면 좋겠습니다》, 공저 시집 《그대 사랑처럼, 그대 향기처럼》, 《내 안에 꽃으로 핀 그대》, 공저 테마에세이집 《글 한잔 할래요》를 펴냈으며, 제주도문인협회 및 윤보영감성시학교 제1기 전문강사과정, 건국대학교 미래지식교육원 시쓰기 전문교육과정을 이수했다.

이메일_ 9615love@daum.net

빙산

바다에
떠 있는 빙산은
겉으로 보이는 것보다
훨씬 더 크다지요

내 마음을
당신에게
다 보여 줄 수 없는 것처럼요

그러니
당신에게 보여 주는 사랑은
내 마음 중
빙산의 일각일 수밖에요.

무지개

비 갠 뒤
운이 좋아야
잠깐 보이는 무지개!

그래서 무지개는
더 아름답습니다

하지만 당신은 다릅니다
아름다운 것은 같지만
비가 오나 눈이 오나
당신은 늘
내 마음에
떠 있으니까요.

시장

없는 것 빼고
다 파는 시장!

재미있는 볼거리에
먹거리까지 많아
시간 가는 줄 모릅니다

당신이 좋아하는
떡볶이, 순대, 호떡을 샀더니
장바구니가 꽉 찼습니다

매일
지금처럼
당신 행복을
골라 담으며 살고 싶습니다.

찐빵

하얀 빵 속에
달콤한 팥앙금
꿀맛입니다

추위를 녹이고
허기도 달래며
당신과 함께 즐겨 먹던 찐빵

그러고 보니
당신과 찐빵
달콤하고 따뜻한 게
참 많이 닮았습니다.

칭찬

칭찬은
고래도 춤추게 한다지요
그러니 칭찬은
마법사가 맞지요?

칭찬을 듣는 사람은
기분이 좋아지고
칭찬을 하는 사람도
행복해지니까요

날 사랑하는 당신에게
칭찬!
아끼지 말아야겠습니다
나도 덩달아 행복해지게요.

눈

눈을 보면
그 사람 마음을
알 수 있다지요?

내 눈동자에는
웃고 있는 당신이 있고
당신 눈동자엔
행복한 내가 있으니까요

그런데
어떡하죠?
눈을 감아도
당신이 자꾸 보이는데.

비타민

나이 들면서
밥 먹는 것처럼
챙겨 먹는 영양제!

비타민, 유산균, 칼슘
오메가3, 마그네슘
종류가 다양합니다

힘내요!
비타민처럼
당신을 웃게 해서
면역력과
활력을 높여 주는
내가 있잖아요!

정답

수학 문제에는
딱 떨어지는
정답이 있습니다

하지만 인생은
모범 답안만 있을 뿐
선택은 늘 나의 몫이었습니다

당신을
마음에 담은 것이
정답이었다는 것을
살아보고
알았거든요.

열쇠

예전엔
현관문을
열쇠로 열고 들어갔지만
지금은
손만 대면 자동으로 열립니다

하지만
예전에도 지금도
내 마음은
당신만 열 수 있습니다

당신만 보면
덜컥, 열릴 것 같은 마음
어떡하죠!

행복한 걱정

아기는
우유를 잘 먹이면
쑥쑥 자라고

아이들은
칭찬을 많이 해 주면
쑥쑥 자랍니다

그럼, 나는?

당신 사랑으로
쑥쑥 자라고 있습니다

이러다
거인 되면 어쩌죠?